¡Conocimiento a tope!
Artes en acción

Hacer arte con lo que sea

Robin Johnson

Traducción de Pablo de la Vega

CRABTREE
PUBLISHING COMPANY
WWW.CRABTREEBOOKS.COM

Objetivos específicos de aprendizaje:
Los lectores:
- Harán preguntas sobre los materiales usados en distintos tipos de arte, y darán las respuestas correspondientes.
- Identificarán diferentes tipos de arte y algunos materiales naturales y hechos por los humanos que usan los artistas.
- Describirán cómo los artistas crean arte al usar materiales de maneras distintas.

Palabras de uso frecuente (primer grado)	Vocabulario académico
es, esta/esto/este, estos/estas, hacer, puede(n), usar/usan, y	colcha de parches, instrumentos, inuit, mosaico, naturaleza

Estímulos antes, durante y después de la lectura:

Activa los conocimientos previos y haz predicciones:
Pide a los niños que lean el título y miren las imágenes de la portada. Pregúntales:

- ¿De qué piensan que tratará el libro?
- ¿Qué materiales han usado para hacer arte?

Durante la lectura:
Después de leer las páginas 18 y 19, pregunta a los niños:

- ¿Por qué es buena idea hacer arte con basura? (Anima a los niños a pensar acerca del reuso de materiales como una manera de ayudar al medio ambiente).
- Pide a los niños que miren de cerca las imágenes en las páginas 18 y 19. ¿Qué tipos de basura fueron reusados? Haz una lista de lo que encuentren.
- Anima a los niños a hacer conexiones entre el texto y ellos mismos preguntándoles si alguna vez han reusado materiales que hubieran sido tirados a la basura.

Después de la lectura:
Haz un diagrama de los materiales naturales y hechos por humanos mencionados en el libro. Haz un paseo por la escuela y luego por el jardín de juegos. Pide a los niños que sean detectives de arte y encuentren otros materiales que piensen que podrían servir para hacer arte. Agrega sus ideas en el diagrama.

Author: Robin Johnson

Series development: Reagan Miller

Editor: Janine Deschenes

Proofreader: Melissa Boyce

STEAM notes for educators: Janine Deschenes

Guided reading leveling: Publishing Solutions Group

Cove and interior design: Samara Parent

Photo research: Robin Johnson and Samara Parent

Print coordinator: Katherine Berti

Translation to Spanish: Pablo de la Vega

Edition in Spanish: Base Tres

Photographs:
Alamy: Andrew Cribb: p. 11 (bottom)
Getty images: Fairfax Media: p. 21 (top)
iStock: Richard Lewisohn: p. 4
Shutterstock: Philip Lange: title page; Hang Dinh: p. 5 (top); Giusparta: p. 7 (top); PhotoChur: p. 7 (bottom), p. 13, p. 18; Bob C: p. 9 (top); EA Given: p. 10; peacefoo: p. 11 (top); Harry studio: p. 15 (bottom); Leonard Zhukovsky: p. 17 (bottom); Jillian Cain Photography; pim pic: p. 19; A. Einsiedler: p. 20, p. 21 (bottom)
All other photographs by Shutterstock

Library and Archives Canada Cataloguing in Publication

Title: Hacer arte con lo que sea / Robin Johnson ; traducción de Pablo de la Vega.
Other titles: Making art from anything. Spanish
Names: Johnson, Robin (Robin R.), author. | Vega, Pablo de la, translator.
Description: Series statement: ¡Conocimiento a tope! Artes en acción | Translation of: Making art from anything. | Includes index. | Text in Spanish.
Identifiers: Canadiana (print) 20200296450 | Canadiana (ebook) 20200296477 | ISBN 9780778782810 (hardcover) | ISBN 9780778783183 (softcover) | ISBN 9781427126276 (HTML)
Subjects: LCSH: Found objects (Art)—Juvenile literature. | LCSH: Refuse as art material—Juvenile literature. | LCSH: Artists' materials—Juvenile literature. | LCSH: Handicraft—Juvenile literature.
Classification: LCC TT160 .J6418 2021 | DDC j745.58/4—dc23

Library of Congress Cataloging-in-Publication Data

Names: Johnson, Robin (Robin R.), author. | Vega, Pablo de la, translator. | Johnson, Robin (Robin R.). Making art from anything.
Title: Hacer arte con lo que sea / Robin Johnson ; traducción de Pablo de la Vega.
Other titles: Making art from anything. Spanish
Description: New York : Crabtree Publishing Company, [2021] | Series: ¡Conocimiento a tope! Artes en acción | Includes index.
Identifiers: LCCN 2020034414 (print) | LCCN 2020034415 (ebook) | ISBN 9780778782810 (hardcover) | ISBN 9780778783183 (paperback) | ISBN 9781427126276 (ebook)
Classification: LCC N8530 .J6418 2021 (print) | LCC N8530 (ebook) | DDC 700/.41--dc23
LC record available at https://lccn.loc.gov/2020034414
LC ebook record available at https://lccn.loc.gov/2020034415

Printed in the U.S.A./102020/CG20200914

Índice

Crabtree Publishing Company
www.crabtreebooks.com   1-800-387-7650

Published in Canada
Crabtree Publishing
616 Welland Ave.
St. Catharines, Ontario
L2M 5V6

Published in the United States
Crabtree Publishing
347 Fifth Ave
Suite 1402-145
New York, NY 10016

Published in the United Kingdom
Crabtree Publishing
Maritime House
Basin Road North, Hove
BN41 1WR

Published in Australia
Crabtree Publishing
Unit 3 – 5 Currumbin Court
Capalaba
QLD 4157

¿Qué es el arte?

Ves arte todos los días. El arte puede ser una imagen, una película o música. Es cualquier cosa bella o interesante que la gente mira o escucha. Los artistas son las personas que hacen arte.

Estos artistas actúan en una obra de teatro.
Una obra de teatro es arte que la gente mira.

Estos artistas están
haciendo música. Es
arte que escuchamos.

Esta artista hizo
una canasta. Una
canasta es arte
que podemos ver.

Haciendo arte

Los artistas pueden hacer arte con lo que sea. Pueden usar rocas y palos. Pueden usar baldes y botones. ¡Es divertido mirar y escuchar arte hecho de cosas diversas!

botones

Un artista usó botones de colores para hacer esta obra de arte.

¡Un artista usó nieve para hacer esta **escultura**!

Varios artistas usaron distintos tipos de **basura** para hacer estos vestidos.

Arte de elementos naturales

Los artistas pueden hacer arte con cosas que encuentran en la **naturaleza**. Los artistas usan flores, rocas, palos y otros elementos de la naturaleza.

Un artista usó hojas de árboles y palitos para crear esta mariposa.

Un artista usó palos grandes para hacer esta escultura de un caballo.

Los **inuit** son un grupo de gente que vive en el Ártico. Algunos inuit son artistas que usan rocas para hacer esculturas.

9

Viejo y nuevo

Los artistas pueden hacer obras de arte nuevas usando cosas viejas. Pueden cambiar la forma como algo se ve. Encuentran nuevas maneras de hacer algo.

¡Un artista usó cajas viejas para hacer un arcoíris!

Un artista usó partes de un automóvil viejo para hacer una escultura de una vaca bebé.

Un artista usó ruedas viejas de bicicleta y paraguas para hacer arte.

Arte hecho con ropa

Algunos artistas usan ropa vieja para hacer piezas de arte. Cortan la ropa en trozos. Luego hacen una pieza de arte uniendo esos trozos de maneras distintas.

Un artista usó piezas de ropa vieja para hacer esta **colcha de parches**.

Un artista usó corbatas viejas para hacer esta escultura de un ave.

Arte hecho con comida

Algunos artistas hacen arte con comida. Pueden usar arroz y maíz. Pueden usar frutas y vegetales.

arroz

Este artista usa arroz de colores para hacer una imagen.

Un artista usó **chalas** para hacer estos muñecos.

Este artista está usando una sandía para hacer una obra de arte bellísima.

sandía

15

Botellas y latas

Algunos artistas usan latas de comida vacías y botellas para hacer arte. ¡También pueden usar tapas para hacer arte!

Un artista usó tapas de botellas para hacer un **mosaico** que representa el fondo del mar.

Un artista usó latas de comida para hacer esta escultura de un árbol.

¡Un artista usó latas vacías de comida para hacer este animal!

lata

Arte hecho con basura

Algunos artistas hacen arte con cosas que la gente desecha. Las cosas que la gente desecha se llaman basura.

Un artista usó basura plástica para hacer esta imagen de un hombre.

Unos artistas usaron basura del océano y de ríos para hacer esta escultura de una ballena.

Haciendo música

Algunos artistas hacen música con **instrumentos**. Pueden hacer instrumentos con muchas cosas.

Este artista usó un balde para hacer un violoncello. Toca música bellísima.

violoncello

Estos artistas usan contenedores de basura y sus tapas para hacer música.

Un artista usó contenedores viejos para hacer esta guitarra.

Palabras nuevas

basura: sustantivo. Cosas que la gente desecha.

chalas: sustantivo. Hojas que envuelven la mazorca del maíz.

colcha de parches: sustantivo. Una colcha hecha de pedazos de tela u otros materiales.

escultura: sustantivo. Arte hecho al dar forma y unir varios materiales.

instrumentos: sustantivo. Herramientas que producen sonidos musicales.

inuit: sustantivo. Un grupo de gente nativa del Ártico.

mosaico: sustantivo. Arte hecho con muchas piezas pequeñas.

naturaleza: sustantivo. El ambiente exterior.

Un sustantivo es una persona, lugar o cosa.

Un verbo es una palabra que describe una acción que hace alguien o algo.

Un adjetivo es una palabra que te dice cómo es alguien o algo.

Índice analítico

Sobre la autora

Robin Johnson es una autora y editora independiente que ha escrito más de 80 libros para niños. Cuando no está trabajando, construye castillos en el aire junto a su marido, quien es ingeniero, y sus dos creaciones favoritas: sus hijos Jeremy y Drew.

Para explorar y aprender más, ingresa el código de abajo en el sitio de Crabtree Plus.

www.crabtreeplus.com/fullsteamahead

Tu código es:
fsa20

(página en inglés)

Notas de STEAM para educadores

¡Conocimiento a tope! es una serie de alfabetización que ayuda a los lectores a desarrollar su vocabulario, fluidez y comprensión al tiempo que aprenden ideas importantes sobre las materias de STEAM. *Hacer arte con lo que sea* ayuda a los lectores a responder preguntas sobre obras de arte únicas al leer sobre los materiales con los que están hechas. La actividad STEAM de abajo ayuda a los lectores a expandir las ideas del libro para el desarrollo de habilidades matemáticas, científicas y artísticas.

Un mosaico único

Los niños lograrán:
- Identificar un conjunto de materiales naturales y hechos por humanos con los que se puede hacer arte.
- Crear un mosaico usando distintos materiales.
- Crear un patrón en su mosaico.

Materiales
- Hoja de planeación de un mosaico.
- Cartón para la base del mosaico.
- Pegamento.
- Materiales naturales y hechos por humanos, tales como piedras, pétalos, tapas de botellas, juguetes de plástico, etc.

Guía de estímulos
Después de leer *Hacer arte con lo que sea*, pregunta:
- ¿Cuál pieza de arte sobre la que hayas leído es la que te parece más interesante? ¿Por qué? ¿De qué estaba hecha?

Actividades de estímulo
Ve a la página 16 y mira la imagen del mosaico. Repasa la definición de «mosaico» en el glosario. Pregunta a los niños:
- ¿Por qué un mosaico es un buen medio para mostrar distintos materiales? (Dado que un mosaico es una pieza de arte hecha de muchas piezas pequeñas unidas, es un buen medio para mostrar muchos tipos de materiales en un solo lugar).

¡Explica a los niños que pueden crear un mosaico que muestre distintos materiales! Su mosaico debe incluir un patrón. Repasa su concepto y muestra ejemplos de patrones.
- Patrón: un diseño o secuencia repetitivo.

Cada niño debe llenar la hoja de planeación de un mosaico. Luego, crearán su mosaico.

Repasa los criterios con los niños:
- El mosaico debe tener tres o más materiales distintos.
- El mosaico debe incluir al menos un material natural y uno hecho por humanos.
- El mosaico debe tener un patrón.

Los niños pueden compartir sus mosaicos en grupos pequeños. Deberán decir a sus compañeros qué materiales usaron.

Extensiones
Pide a los niños que usen los mismos materiales de maneras distintas, para crear una pieza de arte diferente.

Para ver y descargar la hoja de trabajo, visita **www.crabtreebooks.com/resources/printables** o **www.crabtreeplus.com/fullsteamahead** (páginas en inglés) e ingresa el código **fsa20**.